Hogares de los seres vivos

Bobbie Kalman

🍄 Crabtree Publishing Company

www.crabtreebooks.com

Creado por Bobbie Kalman

Dedicado por Crystal Sikkens
A mi maravillo esposo Jonathan, por el tiempo que
has dedicado a convertir nuestra casa en un hogar.

Mixed Sources
Product group from well-managed
forests and other controlled sources
www.fsc.org Cert no. SW-COC-1271
© 1996 Forest Stewardship Council

Autora y editora en jefe
Bobbie Kalman

Editoras
Reagan Miller
Robin Johnson

Investigación fotográfica
Crystal Sikkens

Diseño
Bobbie Kalman
Katherine Kantor
Samantha Crabtree (portada)

Coordinadores de proyectos
Robert Walker
Kenneth Wright

Coordinación de producción
Margaret Amy Salter

Consultor lingüístico
Dr. Carlos García, M.D., Maestro bilingüe de Ciencias,
    Estudios Sociales y Matemáticas
Ilustraciones
Barbara Bedell: página 24 (guarida, desierto, bosque y pradera)
Halina Below-Spada: página 24 (hábitat)
Jeannette McNaughton-Julich: páginas 19, 21, 24 (conejera y madriguera)
Trevor Morgan: página 24 (colmena)
Bonna Rouse: páginas 23, 24 (cueva)
Margaret Amy Salter: página 24 (nido y árbol)
Tiffany Wybouw: página 22
Fotografías
© BigStockPhoto.com: página 13 (parte inferior)
© Dreamstime.com: página 5 (parte inferior derecha)
© iStockphoto.com: portada, páginas 5 (parte inferior izquierda), 10 (parte inferior)
© 2008 Jupiterimages Corporation: páginas 12, 13 (parte superior), 14 (derecha),
    16, 17 (parte inferior izquierda), 20 (parte superior)
© Shutterstock.com: páginas 1, 3, 4, 5 (partes superior izquierda y derecha), 6,
    7 (izquierda), 8, 9 (parte inferior), 10 (parte superior), 11, 14 (izquierda),
    17 (todas excepto parte inferior izquierda), 18, 19, 20 (parte inferior), 22, 23
Otras imágenes de Corel y Digital Vision
Traducción
Servicios de traducción al español y de composición de textos suministrados
    por translations.com

Library and Archives Canada Cataloguing in Publication

Kalman, Bobbie, 1947-
    Hogares de los seres vivos / Bobbie Kalman.

(Introducción a los seres vivos)
Includes index.
Translation of: Homes of living things.
ISBN 978-0-7787-8681-8 (bound).--ISBN 978-0-7787-8690-0 (pbk.)

    1. Animals--Habitations--Juvenile literature. I. Title. II. Series.

QL756.K3518 2008   j591.56'4   C2008-902912-7

Library of Congress Cataloging-in-Publication Data

Kalman, Bobbie.
    [Homes of living things. Spanish]
    Hogares de los seres vivos / Bobbie Kalman.
       p. cm. -- (Introducción a los seres vivos)
    Includes index.
    ISBN-13: 978-0-7787-8690-0 (pbk. : alk. paper)
    ISBN-10: 0-7787-8690-0 (pbk. : alk. paper)
    ISBN-13: 978-0-7787-8681-8 (reinforced library binding : alk. paper)
    ISBN-10: 0-7787-8681-1 (reinforced library binding : alk. paper)
    1. Animals--Habitations--Juvenile literature. I. Title. II. Series.

QL756.K35518 2009
591.56'4--dc22

                                    2008019549

Crabtree Publishing Company

www.crabtreebooks.com   1-800-387-7650

Publicado en Canadá
Crabtree Publishing
616 Welland Ave.
St. Catharines, Ontario
L2M 5V6

Publicado en los Estados Unidos
Crabtree Publishing
PMB16A
350 Fifth Ave., Suite 3308
New York, NY 10118

Publicado en el Reino Unido
Crabtree Publishing
White Cross Mills
High Town, Lancaster
LA1 4XS

Publicado en Australia
Crabtree Publishing
386 Mt. Alexander Rd.
Ascot Vale (Melbourne)
VIC 3032

Impreso en Canadá

Contenido

¿Qué es un hogar?

Las personas, los animales y las plantas son **seres vivos**. Las personas y los animales necesitan un lugar para vivir. Necesitan un lugar para dormir y sentirse seguros. Necesitan un **refugio** para protegerse del clima. Los refugios protegen a los seres vivos de la lluvia, la nieve, el sol y el viento. Las personas y los animales viven en distintos tipos de hogares.

Algunos hogares son pequeños y tienen una sola habitación. Este hogar está lejos de un pueblo o ciudad.

Algunos hogares están en edificios de departamentos muy altos en las ciudades.

Algunos hogares tienen muchas habitaciones y jardines grandes. Esta familia vive en un hogar grande.

Los animales también viven en distintos tipos de hogares. Este hogar está bajo la tierra.

5

Hábitats y hogares

Los lugares naturales donde crecen las plantas y viven los animales se llaman **hábitats**. Las plantas crecen en hábitats, pero no viven en hogares. Los animales viven en hábitats y algunos también viven en hogares. Algunos hábitats son muy lluviosos. Otros son calurosos y secos. Este hábitat se llama **pradera**. ¿Qué tipos de plantas crecen aquí?

Los **bosques** son hábitats con muchos árboles y otros tipos de plantas. Los bosques se encuentran en lugares cálidos y en lugares fríos. Éste es un **bosque tropical**. Los bosques tropicales son lugares muy lluviosos.

En los bosques tropicales viven muchos animales. Este mono vive en un bosque tropical cálido.

Los **desiertos** son hábitats secos. En los desiertos llueve muy poco. En algunos desiertos crecen plantas llamadas cactos. Los cactos no necesitan mucha agua. Este búho vive en un cacto.

Escondites

Los animales viven en hábitats, pero no todos
tienen un hogar. Los animales que no tienen
hogar buscan lugares seguros en su hábitat
donde esconderse de otros animales. Este cervato
está acostado sobre el suelo de un bosque. Está
escondido entre las plantas que lo rodean.

En el agua también hay escondites. Este diminuto pez está escondido en un agujero en el océano. La rana que ves abajo vive en un hábitat de estanque. Está escondida entre algunas plantas acuáticas que crecen allí.

Cuevas protectoras

Una **cueva** es un agujero al costado de una colina o bajo la tierra. Puede ser pequeña o grande. ¿Por qué una cueva es un buen refugio para este lobo y este oso?

Esta serpiente de cascabel vive en el desierto. Su hogar es una cueva. La cueva protege a la serpiente del calor del sol. Bajo el agua también hay cuevas. Estos peces están escondidos en una cueva. ¡Vieron un tiburón!

Guaridas

Algunos animales son **depredadores**. Los depredadores cazan y comen a otros animales. Los depredadores cazan animales jóvenes porque son los más débiles y no pueden defenderse. La mayoría de las hembras esconden a sus crías para que los depredadores no puedan encontrarlas.

Estas crías de zorro ártico están escondidas en un agujero en la tierra.

Las madres esconden a sus crías en **guaridas**. Una guarida es un hogar construido dentro de una abertura. Una cueva es una guarida. Una guarida también puede estar dentro del hueco de un árbol. Este cachorrito de lince vive en el tronco de un árbol.

La guarida de esta familia de mapaches está en un tronco hueco.
¿Crees que esta guarida es un hogar seguro?

En lo alto del árbol

Este pájaro carpintero les trae alimento a sus crías que están dentro del agujero de un árbol.

Muchos animales viven en lo alto de los árboles. Los pájaros carpinteros hacen agujeros en los árboles para sus crías. Esta lechuza encontró un agujero en un árbol para sus crías. Los mapaches y las ardillas también viven en los árboles.

¿Estos mapaches están más seguros en lo alto de este árbol que en el suelo? ¿Por qué?

14

Los chimpancés viven en hábitats del bosque tropical lluvioso. Por la noche, los chimpancés hembra y sus crías duermen en lo alto de los árboles. Muchos depredadores no pueden trepar, por eso las crías se encuentran más seguras allí. Los chimpancés hembra usan hojas para hacer sus camas más blandas.

Todo tipo de nidos

Algunos animales encuentran un hogar en su hábitat y otros los construyen. Muchas aves hacen nidos para poner huevos. Los **polluelos** salen del huevo en el nido. Para **salir del huevo** rompen el cáscarón. Estos polluelos están a salvo en el nido.

Esta paloma torcaz construyó el nido para sus crías con ramitas.

Los pingüinos gentú viven en hábitats fríos. Allí crecen pocas plantas. Los pingüinos gentú hacen sus nidos con piedras y con todo lo que encuentran. ¿Crees que el nido es cómodo?

Esta ave construyó su nido en el agua.

Esta ardilla vive en un nido en lo alto de un árbol.

17

Bajo la tierra

Muchos animales viven en **madrigueras**. Las madrigueras son túneles que los animales cavan en la tierra. Algunos animales viven en madrigueras para mantener a sus crías en un lugar seguro. Algunos viven en madrigueras para mantenerse frescos. Otros viven en madrigueras para mantenerse calientes. Estas dos pequeñas marmotas se asoman por su madriguera.

Los perritos de las praderas viven en lugares llamados **praderas**. Los perritos de las praderas cavan madrigueras profundas llamadas **ciudades**. En cada ciudad hay túneles y habitaciones. En una madriguera viven muchos perritos de las praderas. Las madrigueras son frescas en verano y cálidas en invierno. Explica por qué crees que estas madrigueras son lugares seguros.

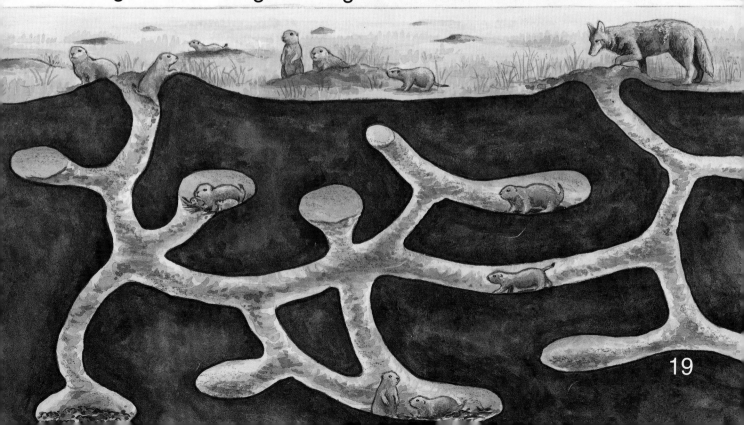

Hogares de castores

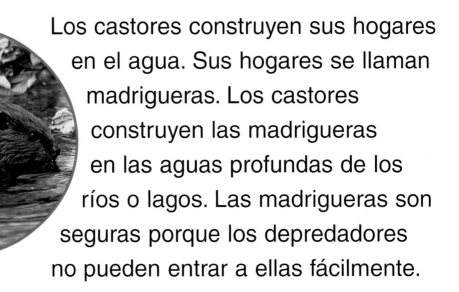

Los castores construyen sus hogares en el agua. Sus hogares se llaman madrigueras. Los castores construyen las madrigueras en las aguas profundas de los ríos o lagos. Las madrigueras son seguras porque los depredadores no pueden entrar a ellas fácilmente.

Los castores construyen sus madrigueras con ramas y barro. En la parte superior hay un agujero para que entre el aire.

Los castores tienen dientes filosos. Usan sus dientes para cortar árboles. Los castores usan las ramas de los árboles para hacer sus madrigueras. La única manera de entrar a la madriguera es por debajo del agua. Las madrigueras tienen un túnel adicional para escapar en caso de que entre un depredador. ¿Crees que la madriguera de castor es un hogar seguro? Explica tu respuesta.

Nidos y colmenas

Muchos tipos de insectos construyen sus hogares. Las avispas construyen **colmenas**. Una colmena es un nido. Muchas avispas trabajan en equipo para construir la colmena. Los grupos grandes de insectos que viven juntos se llaman colonias. Esta **colonia** de avispas construye una colmena.

Las abejas también construyen colmenas.
Cada parte de la colmena se llama **celda**.
Cada celda tiene seis lados. ¿Cómo se
llama esta forma? ¡Es un **hexágono**!
En algunas celdas hay abejas jóvenes.
En otras hay miel. ¿Te gusta la miel?
¿La comes con pan tostado?

Palabras para saber e índice

árboles (los)
páginas 7, 13,
14-15, 17, 21

bosques (los)
páginas 7, 8, 15

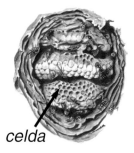

celda

colmenas (las)
páginas 22-23

cuevas (las)
páginas 10-11, 13

desiertos (los)
páginas 7, 11

guaridas (las)
páginas 12, 13

hábitats (los)
páginas 6, 7, 8,
9, 15, 16, 17

*perrito de
las praderas*

madrigueras (las)
páginas 18-19, 20-21

nidos (los)
páginas
16-17, 22

praderas (las)
páginas 6, 19

Otras palabras
bosques tropicales (los)
  página 7
colonias (las) página 22
depredadores (los)
  páginas 12, 15, 20, 21
personas (las) página 4
refugio (el) páginas 4, 10

24

Impreso en Canadá